Le Château Bidaine

Coloring fun for ages 8+

Le plaisir de colorier pour les enfants dès 8 ans

Suze Perry-Hinkle

To Sharon
Get well soon
Suze 2018

A Majestic World in a Coloring Book

Un Royaume Majestueux dans un Album à Colorier

Illustrated by
Illustré par

Marybeth Adkins

ISBN: 1482002256
ISBN-13: 978-1482002256

About the Château Bidaine

Le Château Bidaine is a re-creation in miniature of one of several magnificent homes owned and restored by Suze's mentor Lillian and her husband Teddy. The original chateau is a 17th century pavilion, circa 1630, which was built as a hunting lodge. The chateau is one of only five or six located in Aix-en-Provence, France. These homes are both rare and highly desirable. Complete with crystal chandeliers, fireplaces, real provençal tile floors, ornate furniture and furnishings, including a majestic horse stable, the miniature Château Bidaine has many features of the real one.

Lillian and Teddy enjoy working on their home, wearing period costumes, and playing with the forty Cavalier King Charles spaniels that keep them company on the estate. The dolls in the miniature building were custom made from photographs of Lillian and Teddy, and are wearing reproductions of their actual costumes.

Suze was first inspired to create this magnificent building when she saw a magazine photo of the château where Lillian had seated twelve of the dogs around a fully set dining room table. Naturally the miniature château had to have a dining room table with miniature dogs seated around it!

To see full color photos of all these images please visit our website: www.ruedesuze.com

Enjoy adding your own creative touches to this beautiful château.

À propos du Château Bidaine

Le Château Bidaine est une reproduction en miniature d'une des magnifiques propriétés restaurées par Lillian et son mari Teddy qui sont les mentors de Suze. Le château date du XVIIème siècle, vers 1630, et fut construit comme pavillon de chasse. Cette propriété est seulement l'un des cinq ou six châteaux situé au sud de la France, dans la ville d'Aix-en-Provence. Ces demeures sont à la fois rares et très recherchées. Caractérisé par ses lustres de cristal, cheminées, planchers en carrelage provençal, meubles et aménagement ornementés, y compris une écurie majestueuse, le Château Bidaine en miniature est à plusieurs égards similaire à la version originale.

Lillian et Teddy prennent plaisir à restaurer leur demeure, à porter des costumes d'époque et à jouer avec les quarante Épagneuls Cavaliers King Charles qui leur tiennent compagnie. Les poupées qui sont dans ce bâtiment miniature ont été fabriquées sur mesure d'après les photos de Lillian et Teddy et portent d'authentiques reproductions de leurs costumes.

Suze a d'abord été inspirée à vouloir créer ce magnifique bâtiment après avoir vu une photo du château dans un magazine où Lillian avait assis douze de ses chiens autour de la table de la salle à manger entièrement dressée. Naturellement, le château miniature devait avoir cette même table de salle à manger avec des chiens miniatures assis tout autour !

Pour voir les photos en couleur de toutes ces images,
visitez notre page web : www.ruedesuze.com

Nous espérons que vous vous amuserez en ajoutant vos
propres touches créatives à ce beau château.

Le Château Bidaine

The Lillian and Teddy dolls stand on the front balcony of the Château Bidaine
Les poupées de Lillian et Teddy se tiennent sur le balcon du Château Bidaine

Lillian in 17th century costume
Lillian vêtue d'un costume du XVIIème siècle

Teddy in 17th century costume

Teddy vêtu d'un costume du XVIIème siècle

Teddy and Lillian with 12 of their 40 Cavalier King Charles spaniels / Teddy et Lillian avec 12 de leurs 40 Épagneuls Cavaliers King Charles

Horses enter
the stables under the
house through the side arches.

Les
chevaux
entrent dans
les écuries
sous la maison
en passant par les
arches sur les côtés.

A peek inside the Château
Un coup d'œil à l'intérieur du Château

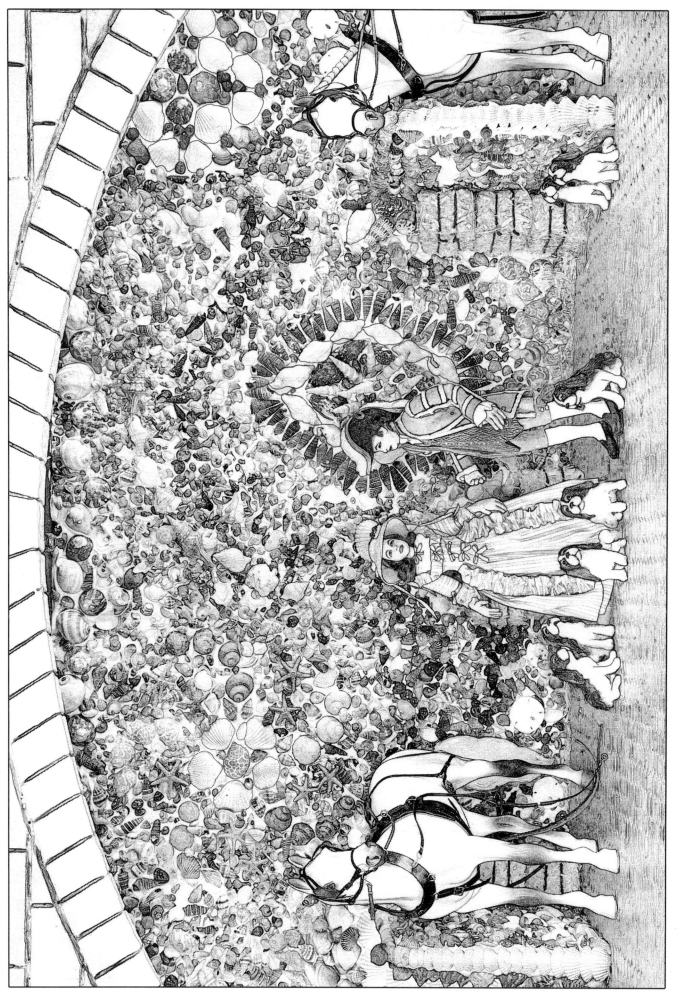

Visiting the stables under the house / La visite de l'écurie sous le bâtiment

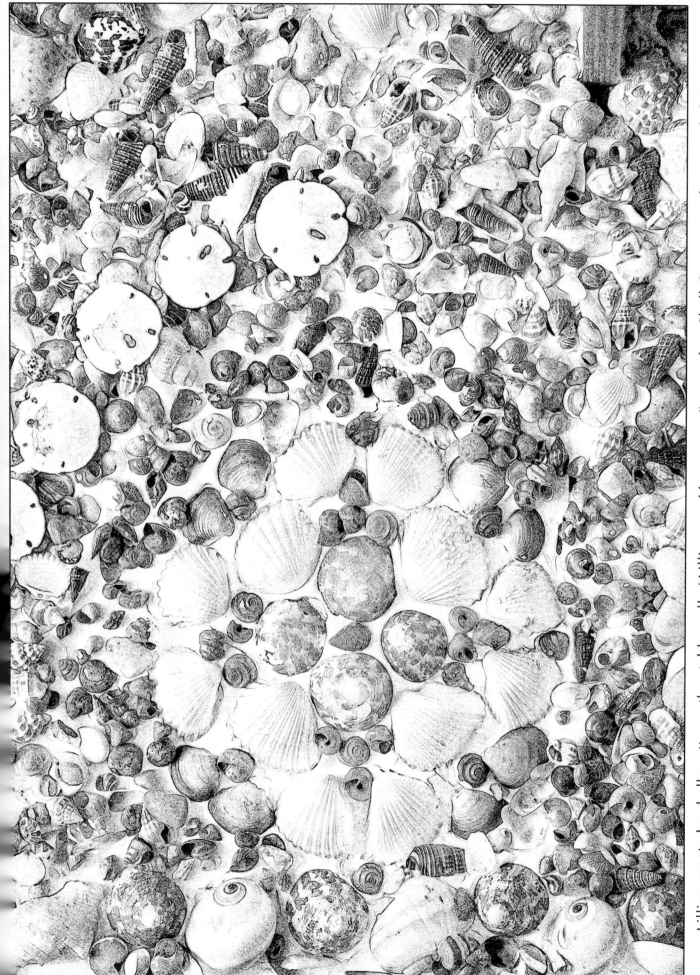

Lillian created a shell grotto on the stable walls / Lillian a créé une mosaïque style « Shell Grotto » sur les murs de l'écurie

"Miracle" is all dressed, and ready to take the wagon on a trip to town
« Miracle » est tout habillé et prêt à tirer la roulotte jusqu'en ville

The interior of the Château / L'intérieur du Château

The formal dining room
La salle à manger traditionnelle

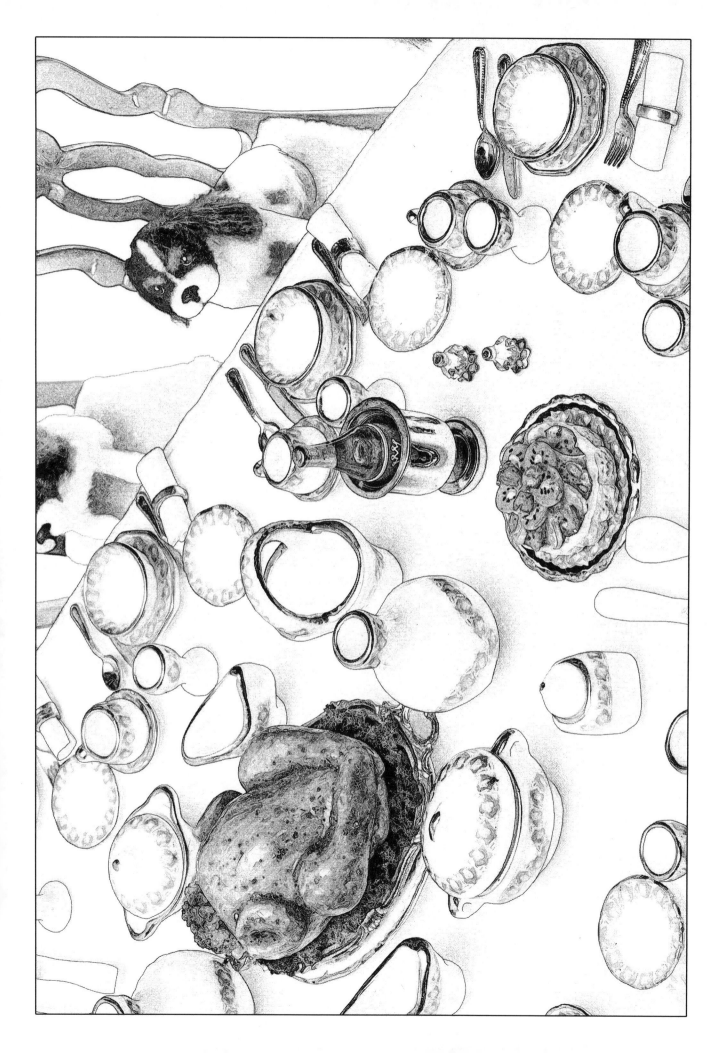

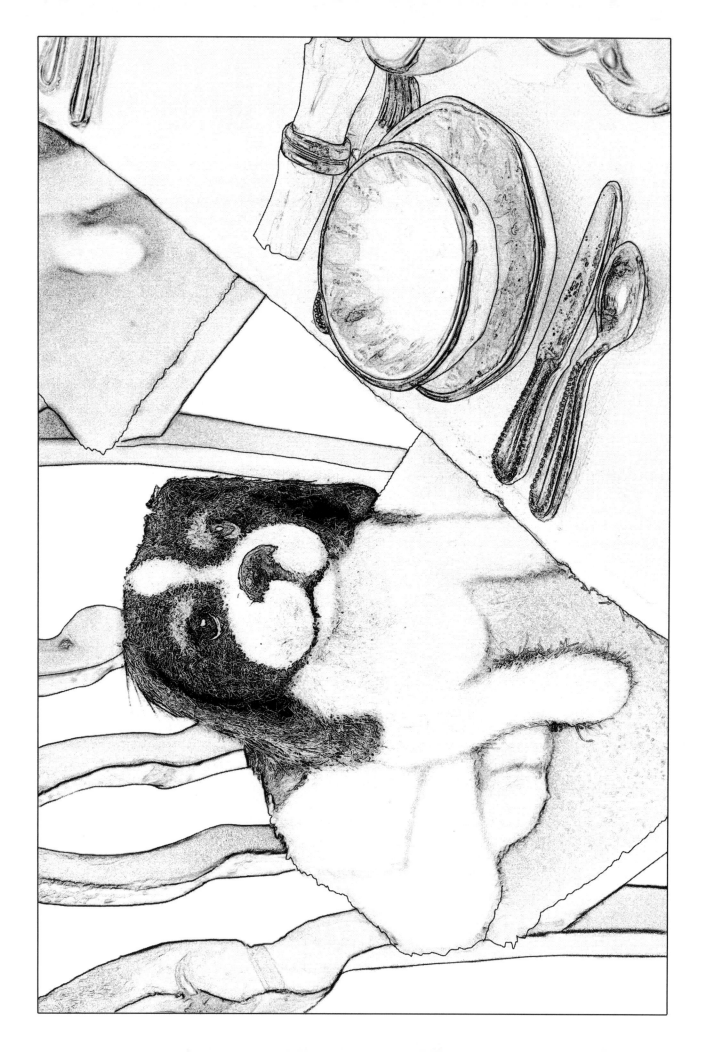

That dessert looks delicious! / Ce dessert-là a l'air délicieux !

It's Lillian's bedroom, but where's Lillian? / C'est la chambre à coucher de Lillian, mais où se trouve Lillian ?

Vintage dressing table / Une coiffeuse d'époque

We're ready for bed, Mom! / Maman, nous sommes prêts pour faire dodo !

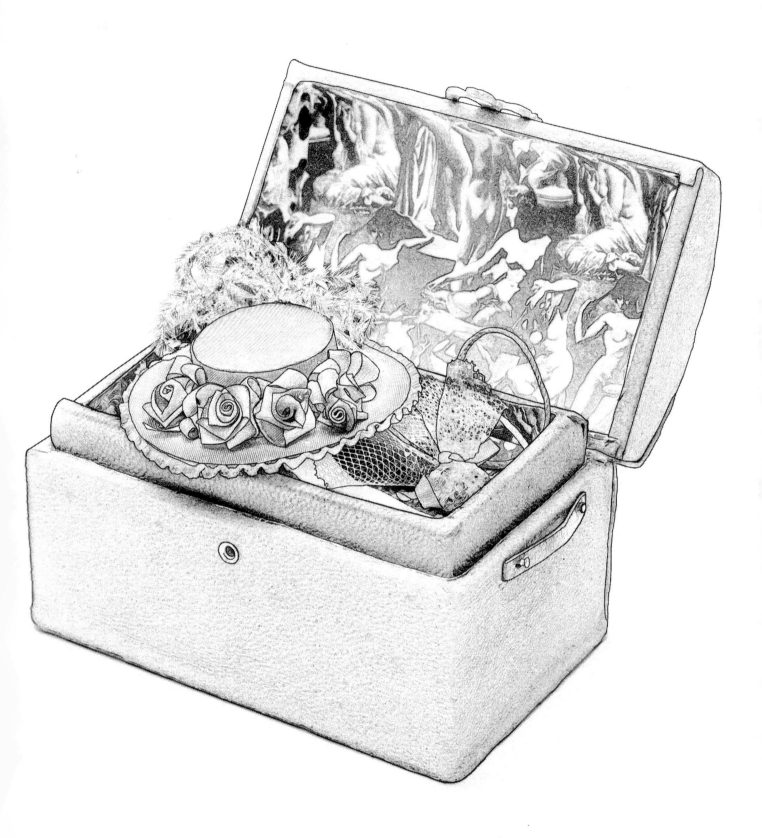

Antique traveling trunk / Une malle antique

Teddy's library / La bibliothèque de Teddy

Lillian's lavender powder room
Le cabinet de toilette de Lillian de couleur lavande

Tulips in the original washstand
Les tulipes dans le lavabo original

The yellow "antique room" with animal paintings / La « salle antique » jaune avec des magnifiques tableaux d'animaux

Unusual baby carriage / Un landau insolite

"Pierre Deux" baby bed
Le berceau collection « Pierre Deux »

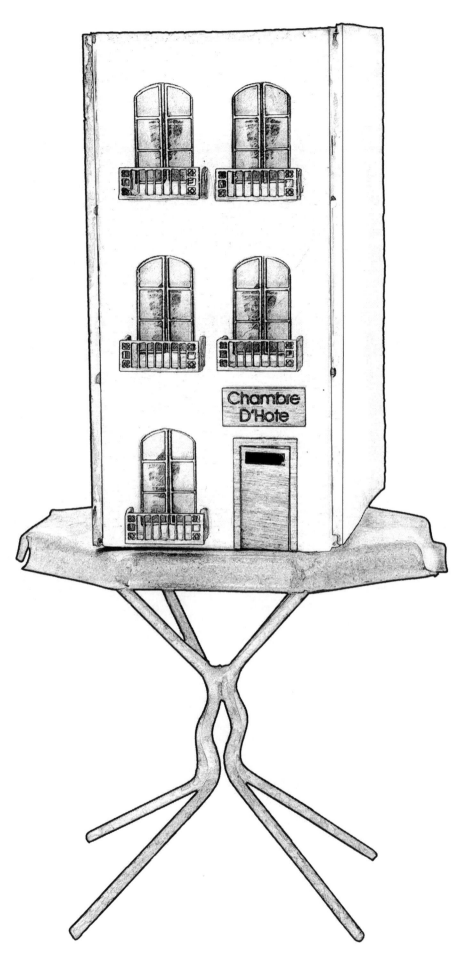

A dollhouse in a dollhouse / Une maison de poupées dans une maison de poupées

The grand staircase / Le grand escalier

The red foyer, with authentic provençal tiles / Le foyer rouge, avec les carrelages authentique de Provence

Watching from the balcony / Regardant du balcon

Lillian and Teddy admire their new painting / Lillian et Teddy admirent leur nouvelle peinture

Getting some fresh air on the terrace / S'aérer sur la terrasse

Formal terrace — showing provençal tile / La terrasse classique exposant les carrelages de Provence

Courtyard entry to grotto and stables / L'entrée de la cour vers la grotte et les écuries

Courtyard fountain / La fontaine dans la cour

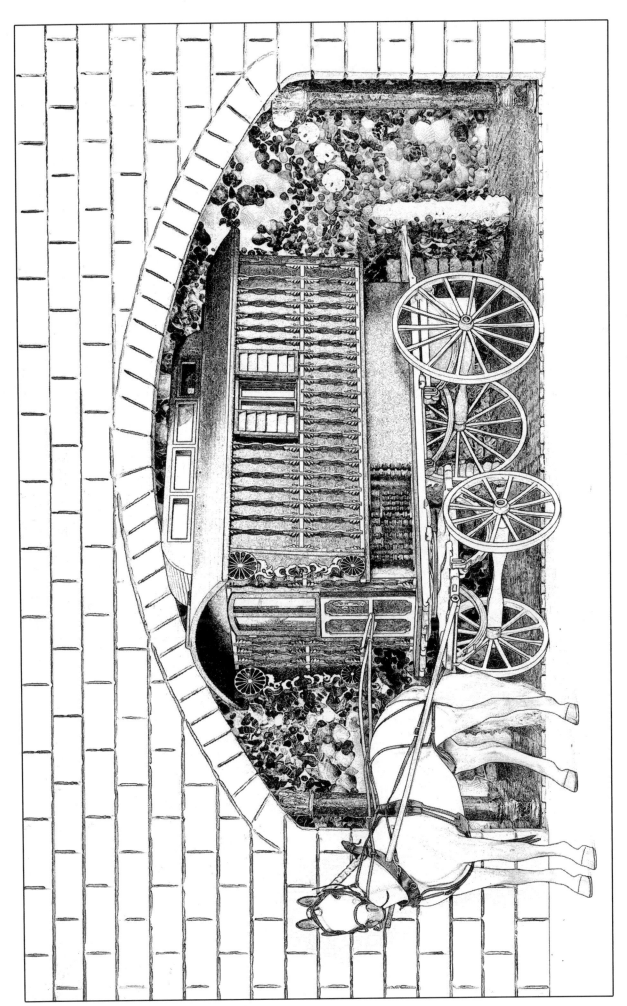

"Miracle" with the gypsy wagon / « Miracle » avec la roulotte

Larger images on two pages

Les dessins plus grands couvrant deux pages

We hope you enjoyed your visit through the Château.

Please visit us on Facebook for updates
on new coloring books and other merchandise,
and to see color photos of all the images:

www.facebook.com/RueDeSuze

Nous espérons que vous avez apprécié votre visite au Château.

Suivez-nous sur notre page Facebook pour découvrir les derniers albums à colorier et d'autres marchandises ainsi que pour voir les photos en couleur de toutes les dessins :

www.facebook.com/RueDeSuze

About the Artist

Suze Perry-Hinkle lives high on a hill in northern California, overlooking the San Francisco Bay. She is an ardent Francophile, and has created her perfect world over the past decade through her miniature French shops and bistros. Sadly, she can only speak fractured French.

Her love for all things French began as a teenager when an eccentric young woman and her husband moved into Suze's neighborhood. The woman asked her if she would be interested in doing work around her house. This led to a job in Lillian's antique store, housed in an old Southern Pacific Railroad station, and a mentorship in the fine art of refinishing treasures brought over from the flea markets of France. Suze absorbed the training and the immersion in French culture with delight. Even though she had studied art and architectural history in college, she credits this time with awakening her lifelong passion.

Growing up, Suze was unaware of the world of miniatures; as an adult outgrowing her space she realized she could bring all things French to life on a small scale. The hunt was on to find appropriate raw materials, but she was unable to find pre-made miniature buildings that suited her vision. So, she adapted the buildings she could find, using techniques learned during her apprenticeship to give them an antique Parisian look.

Over the years her collection grew. She now has built over 30 miniature buildings, and is once again threatened with being crowded out of her space. She has created her own idyllic French town online with images of her buildings along a cobble-stone street, naming this fictitious street Rue de Suze. The website is RuedeSuze.com, and you are welcome to stroll down the boulevard any time.

She is happy to tell you "I don't do pretty or clean... my buildings are worn with age and look as if they have been lived in. Dirt, water stains and patinas that have dripped down the sides of the building are my specialties. I attempt to capture the soul of buildings that are centuries old. My friends call me the queen of distress, for I can make anything look ancient!"

She loves recycling objects in her work, having been known to stuff French pillows with hair from her horse or cut up old clothes to make wallpaper and curtains. When she walks her dogs she keeps her eyes on the ground for whatever she may find to add that perfect unique touch to a building. Her inspirations come from art cards, paintings, lithographs and books on French art and decoration.

Her creative masterpieces are truly labours of love.

À PROPOS DE L'ARTISTE

Suze Perry-Hinkle habite en haut d'une colline donnant sur la baie de San Francisco en Californie du Nord. Elle est une ardente francophile qui a créé depuis une dizaine d'années son monde idéal en construisant des boutiques et des bistros français en miniatures. Hélas, elle ne parle qu'un Français hesitant.

Son amour pour toute chose française a commencé pendant son adolescence lorsqu'une jeune femme excentrique et son mari sont venuent s'installer dans son quartier. Cette jeune femme demanda à Suze si elle était intéressée de travailler chez elle. Cela mena à un emploi dans la boutique d'antiquités de Lillian, logée dans une ancienne Gare de Chemin de Fer du Pacifique Sud, et aussi à un programme d'apprentissage sur l'art de la restauration des trésors importés des marchés aux puces de France. Suze a absorbé la formation professionnelle et l'immersion dans la culture française avec joie. Même si elle avait étudié l'art et l'histoire de l'architecture à l'université, elle attribue cette période a l'éveil de sa passion de toujours.

En grandissant, Suze n'était pas au courant du monde des miniatures ; en tant qu'adulte dépassant son espace de vie elle a réalisé qu'elle pouvait raviver son monde français sur une petite échelle. Elle commença la recherche des bonnes matières premières, mais elle a été incapable de trouver des bâtiments miniatures préfabriqués inspirés par sa vision. Alors, elle adapta les bâtiments qu'elle pouvait trouver, en utilisant les techniques apprises au cours de son apprentissage pour leur donner un aspect ancien parisienne.

Au cours des années sa collection a grandi. Elle a maintenant construit plus de 30 bâtiments en miniatures, et de nouveau est menacé de dépasser son espace de vie. Elle a créé sa propre ville idyllique française en ligne avec des images de ses bâtiments le long d'une rue pavée fictive qui s'appelle Rue de Suze. Le site web est RuedeSuze.com, et vous êtes les bienvenus pour vous promener sur le boulevard à tout moment.

Elle est heureuse de vous dire « Je ne fait pas des choses qui sont jolies ou propres... mes bâtiments portent la trace des années et ont l'air d'être marqué par le temps. La saleté, les taches d'eau et les patines qui s'écoulent sur les côtés sont mes spécialités. J'essaye de capturer l'âme des bâtiments qui datent de plusieurs siècles. Mes amis m'appellent la reine de détresse, car je peux faire paraitre quoi que ce soit millénaire ! »

Elle aime utiliser les objets de recyclage dans ses œuvres ; ayant été reconnus pour bourrer les oreillers français avec les cheveux de son cheval ou découper les vieux vêtements pour faire le papier peint et des rideaux. Quand elle promène ses chiens, elle garde les yeux sur le terrain pour voir ce qu'elle peut trouver afin d'ajouter une touche personnelle à un bâtiment. Ses inspirations viennent des cartes d'art, des peintures, des lithographies et des livres sur l'art et la décoration française.

Ses chefs-d'œuvre créatives sont un vrai travail d'amour.

ABOUT THIS COLORING BOOK

The sketches in this book look different than typical coloring books because they are made from photos of the miniature Château. The shading and textures in these images enhance the coloring experience in several ways.

Although we have recommended the book for ages 8 and up we have found that younger children can have a lot of fun with this if they enjoy precise work. Using colored pencils or transparent markers allows the detail in the original sketch to remain visible in the finished work, so even if a child (or adult) is not exact in their coloring they can still produce a beautiful image. The shading also allows them to color only portions of the image if they like, yet still feel a sense of accomplishment in their work.

With markers there is some bleed-through to the back side of the page, which is why we have printed the sketches on only one side. We advise putting a piece of cardboard behind your page while coloring, to protect the rest of the book. Colored gel pens work well for small detailed areas. Our test group (ages 6, 7, 8, 13 and 18) did not like using crayons for this book, finding them too blunt and too opaque for the small details.

Our product testers used a variety of approaches when coloring, but all of them really enjoyed this coloring book!

Product Testers hard at work

À PROPOS DE CE LIVRE À COLORIER

Les dessins de ce livre ne ressemblent pas à ceux des livres à colorier classiques, car ils sont fondés d'après les photos du château miniature. Les ombres et les textures de ces images raffinent l'expérience de coloriage à plusieurs moyens.

Même si nous recommandons ce livre pour les enfants dès 8 ans, nous avons constaté que les plus jeunes enfants peuvent également s'en amuser s'ils aiment tout jeu qui comporte des détails. En utilisant des crayons de couleur ou des marqueurs transparents le dessin original reste visible une fois le travail est complet. Même si les enfants (ou les adultes) ne sont pas précis en coloriant, ils pourront malgré tout réaliser un beau dessin. Les ombres leur permettent également de colorier uniquement certaines parties du dessin s'ils le désirent, tout en gardant un sentiment d'accomplissement dans leur œuvre.

Avec les marqueurs, il est possible de décalquer le dessin à travers la page, c'est pourquoi nous avons imprimé les dessins d'un seul côté. Nous vous conseillons de mettre un carton de protection à l'arrière de votre page en coloriant afin de protéger le reste du livre. Les crayons de couleur à gel fonctionnent bien pour les petites zones détaillées. Nos testeurs (6, 7, 8, 13 et 18 ans) n'aimaient pas utiliser les crayons de cires avec ce livre, les trouvant trop brusque et trop opaque pour les petits détails.

Ils ont utilisé des approches diverses en colorant, mais tous ont vraiment apprécié ce livre à colorier !

Les testeurs en plein travail

Acknowledgments

Suze created this miniature scale replica building to pay
homage to her mentor, and to say thank you to Lillian and Teddy for
introducing her to the wonderful world of French treasures.

Many thanks also to Stan Beckman for his art and inspiration.

Remerciements

Suze a créé cette réplique miniature pour rendre hommage
à son mentor et tient à remercier Lillian et Teddy pour lui
avoir présenté le monde merveilleux des trésors français.

Un grand merci également à Stan Beckman
pour son art et son inspiration.

Made in the USA
Charleston, SC
29 November 2015